BAJO TUS PIES

Escrito por la **Dra. Jackie Stroud**
Consultor de RHS **Dr. Marc Redmile-Gordon**

Ilustrado por **Wenjia Tang**

CONTENIDOS

DK Penguin Random House

Escrito por Dra. Jackie Stroud, Dr. Marc Redmile-Gordon
Ilustrado por Wenjia Tang

Edición Kathleen Teece
Diseño sénior Fiona Macdonald
Asistencia de diseño Katherine Marriott

Edición ejecutiva Laura Gilbert, Jonathan Melmoth
Edición ejecutiva de arte Diane Peyton Jones
Edición del proyecto de arte Jaileen Kaur
Documentación iconográfica sénior Sumedha Chopra
Preproducción sénior Nikoleta Parasaki
Producción Ena Matagic
Diseño de maquetación sénior Jagtar Singh
Dirección creativa Helen Senior, Clare Baggaley
Dirección editorial Sarah Larter

Dirección de publicaciones RHS Rae Spencer-Jones
Edición RHS Simon Maughan, Guy Barter
Dirección editorial RHS Chris Young

Servicios editoriales Tinta Simpàtica
Traducción Ruben Giró Anglada

Publicado originalmente en Gran Bretaña en 2020 por
Dorling Kindersley Limited,
DK, One Embassy Gardens, 8 Viaduct Gardens,
London, SW11 7BW
Parte de Penguin Random House

Copyright © 2020 Dorling Kindersley Limited
© Traducción española: 2020 Dorling Kindersley Limited

Título original: *Under Your Feet*
Primera edición: 2021

ISBN: 978-0-7440-4024-1

Impreso y encuadernado en China

Para mentes curiosas

www.dkespañol.com

¿DE QUÉ SIRVE EL SUELO?

Siempre lavamos la tierra de las setas y las verduras que compramos. Estos dos alimentos son algunos de los que usan los nutrientes y el agua del suelo para crecer. El suelo también tiene otras tareas importantes, como por ejemplo mantener las casas en pie o limpiar el agua.

Sin tierra para absorber la lluvia, hay inundaciones.

El suelo absorbe la lluvia.

Los animales liberan CO_2.

Filtrar el agua

El suelo es el mayor filtro de agua del planeta. A medida que el agua cruza el suelo, sus poros (pequeños orificios) atrapan las partículas que enturbian el agua. El suelo también absorbe parte de las sustancias nocivas del agua.

Deshacerse de los residuos

Los seres vivos del suelo se comen los restos orgánicos y los liberan en forma de nutrientes que las plantas aprovechan para crecer.

Salvar el planeta

El dióxido de carbono (CO_2) es un gas que captura el calor del aire y hace que el planeta sea más cálido. El suelo almacena carbono del CO_2: protegiéndolo, ayudaremos a frenar el calentamiento global.

Las hojas de los árboles liberan oxígeno.

Cimientos

Aparecen grietas si empieza a hundirse parte de la casa.

Los cimientos de las casas se asientan en el suelo. Si este no es estable, pueden moverse y la casa podría comenzar a hundirse.

Comida

Muchos animales comen plantas que crecen en el suelo, y otros animales se alimentan de aquellos.

Espacios verdes

Los espacios verdes están llenos de plantas que absorben el CO_2 y liberan oxígeno. Las raíces se fijan en el suelo y obtienen de él los nutrientes y el agua que necesitan para crecer.

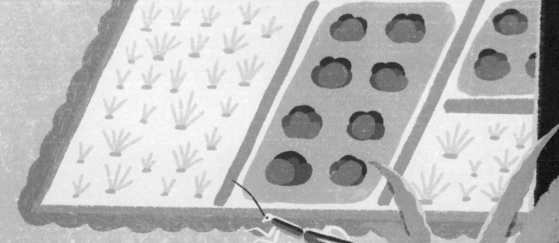

Capturar carbono

El carbono se encuentra en forma sólida y en el CO_2. Los árboles contienen carbono sólido, que liberan en el suelo al pudrirse. Se convierte en CO_2 con más facilidad si está en el suelo. Si hacemos muebles con ellos, ¡conservaremos el carbono atrapado más tiempo!

Pisar con cuidado

Creamos gases de efecto invernadero al conducir o pisar suelos húmedos: el aire del suelo se escapa y acabamos con más óxido nitroso y metano en el aire.

Cultivar

Las plantas convierten el CO_2 en carbono sólido, como los azúcares, para crear sus hojas y raíces. Al morir, este carbono pasa a formar parte del suelo.

Las plantas nutren los microbios del suelo con el carbono de las raíces.

La atmósfera es una **capa de gases** que envuelve la Tierra.

CALENTA GLOBAL

El suelo ayuda a mantener la temperatura del planeta: ni demasiado caliente, ni demasiado frío. También puede producir gases de efecto invernadero y empeorar el cambio climático. Pero si lo cuidamos podemos hacer que absorba estos gases.

6

Hacer compost

Unos microorganismos que no tienen suficiente oxígeno (un gas del aire) crean la mayoría del óxido nitroso y metano. Las pilas de compost necesitan mucha hojarasca, ramas y otros materiales que dejen entrar aire para que los microorganismos respiren.

Cultivar con sensatez

Los agricultores aran el suelo para acabar con las malas hierbas y romper la tierra, lo que libera nutrientes para hacer crecer las semillas. Arar demasiado destruye la vida del suelo y libera gases de efecto invernadero. Muchos campesinos aran menos para aliviar el problema.

Los rayos del Sol la calientan.

...MIENTO

Efecto invernadero

La Tierra se calienta y eso causa incendios, sequías e inundaciones. Los tres principales gases de efecto invernadero son el dióxido de carbono (CO_2), el óxido nitroso (N_2O) y el metano (CH_4).

Dióxido de carbono

Óxido nitroso

Metano

QUÉ HAY EN EL SUELO

El suelo se compone de varios ingredientes, como la masa de un pastel. En este caso se trata de cuatro principalmente: minerales, agua, aire y materia orgánica (seres vivos o sus restos). Cada tipo de suelo los combina de manera distinta.

El suelo puede acumular agua hasta formar depósitos en la superficie.

Agua

El agua de la lluvia empapa el suelo. Los minerales y nutrientes se disuelven en ella y forman una solución. Casi toda el agua se drena por grietas, galerías y madrigueras, salvo la que queda en los poros, los pequeños espacios entre partículas del suelo.

20-30 %

Materia orgánica

Las raíces y millones de organismos del suelo, desde hongos microscópicos hasta insectos repugnantes, son materia orgánica; también las cosas muertas, como las hojas en descomposición.

Larvas

Hojas podridas

5%

Los escarabajos ponen huevos en el suelo, donde nacen las larvas.

Las hojas tardan en descomponerse de seis a doce meses.

El brócoli crece bien en suelos de arcilla, que almacenan grandes cantidades de agua y nutrientes.

En suelos muy húmedos, el agua lo llena todo.

Aire

Los organismos viven y proliferan en suelos que tengan casi igual cantidad de aire y de agua. El aire se desplaza por el suelo a través de grietas, madrigueras, galerías y poros.

El ciempiés absorbe el aire por agujeros que tiene por todo su cuerpo.

20-30 %

Los escarabajos nacen bajo tierra, donde necesitan aire para respirar.

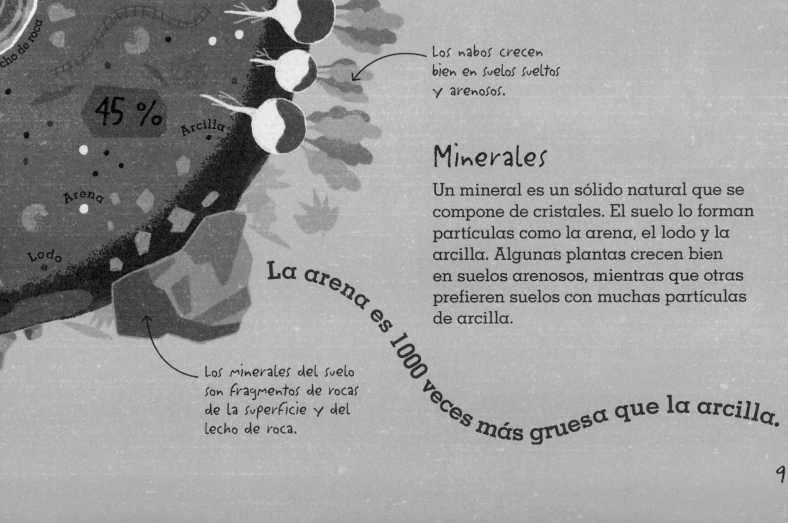

lecho de roca

Los nabos crecen bien en suelos sueltos y arenosos.

45 %

Arcilla

Arena

Minerales

Un mineral es un sólido natural que se compone de cristales. El suelo lo forman partículas como la arena, el lodo y la arcilla. Algunas plantas crecen bien en suelos arenosos, mientras que otras prefieren suelos con muchas partículas de arcilla.

Lodo

La arena es 1000 veces más gruesa que la arcilla.

Los minerales del suelo son fragmentos de rocas de la superficie y del lecho de roca.

HORIZONTES

Nuestra vida es corta comparada con los miles de años que el suelo tarda en formar sus capas, los horizontes. El suelo puede llegar a 50 metros de profundidad.

Los milpiés y otros habitantes del suelo consumen los nutrientes del humus.

Humus

La parte superior del suelo es el humus. Este horizonte oscuro está formado por cosas muertas en descomposición.

Capa vegetal

Quizá ya has visto la capa vegetal marrón si alguna vez has plantado semillas cerca de la superficie. En esta mezcla de materia muerta, minerales y fragmentos de roca viven la mayoría de los animales del suelo.

Subsuelo

Tras cavar un buen rato se llega a esta capa clara. Entre las raíces de los árboles hay minerales y materiales que arrastra el agua de la lluvia.

Minerales diferentes

Turmalina

Casiterita

Turquesa

Berilio

Pirita

Howlita

Regolito

En la capa de sustrato profundo empieza a ser difícil excavar. Este horizonte está lleno de minerales y fragmentos grandes de roca, que se rompen y se convierten en material de las capas superiores.

Lecho de roca

Si se cava un túnel profundo se acaba topando con esta sólida losa de roca. El lecho de roca no lo descomponen el viento ni la lluvia, al contrario que las rocas de la superficie.

Hematita

Sodalita

El lecho de roca a veces contiene siluetas de pequeñas criaturas.

El lecho de roca no forma parte del suelo: está bajo los horizontes.

11

BAJO TIERRA

Aproximadamente un tercio de las criaturas del planeta viven en el suelo. Muchas dependen de otros habitantes del suelo para alimentarse, y sus excrementos son nutrientes para las plantas. Los científicos las agrupan según su tamaño.

Babosas

Las hifas son las finas partes de los hongos que absorben los nutrientes.

Raíces de plantas

Hongos y plantas

Los hongos liberan enzimas, unos agentes químicos que descomponen las plantas muertas en nutrientes para poder absorberlos y crecer, igual que las plantas.

Los colémbolos saltan la altura de un lápiz.

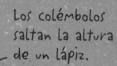

Lombrices

Estos animales escurridizos comen plantas muertas, y su caca contiene muchos nutrientes. Otros organismos del suelo se alimentan de ella.

Los ácaros son los animales más veloces con relación a su tamaño.

Los topos excavan túneles **para atrapar a gusanos incautos.**

Topos

No es fácil que veas un topo devorador de gusanos porque pasa casi toda su vida bajo tierra. Eso sí, les delatan las pilas de tierra recién excavadas.

Minibestias

Si te acercas mucho al suelo verás unas criaturas pequeñas, las minibestias, que incluyen los ejércitos de hormigas, los escurridizos ciempiés y las húmedas babosas.

Los ciempiés cazan insectos y babosas inyectándoles veneno con las patas.

Las criaturas excavadoras horadan túneles en el suelo.

Mesofauna

La mesofauna son decenas de miles de animales minúsculos que viven en el suelo y tienen el tamaño del punto de esta frase. Entre ellos están los veloces ácaros y los saltarines colémbolos.

Los microorganismos son una parte importante de la dieta de las lombrices.

Microorganismos

Los habitantes más pequeños del suelo son los microorganismos. Casi todas las bacterias y hongos de este grupo solo se ven con un microscopio. Una sola palada de tierra contiene miles de millones.

Casi todos los milpiés tienen menos de 100 patas.

PUERRO

Los puerros
son capaces de
aguantar nevadas.

CEBOLLA

Raíces Fibrosas

Estas raíces crecen
hacia abajo y afuera a
partir del tallo principal
de la planta.

La parte blanca
del puerro es la
base de sus hojas.

Bulbos

Un bulbo es un tallo
que da soporte a las otras
partes de la planta. Sirve
para almacenar agua y
transportarla de la raíz
a las hojas.

Los bulbos
crecen en
capas esféricas.

BROTES
Y RAÍCES

Las raíces
fibrosas salen
todas juntas
del bulbo.

Basta echar un vistazo a una gruesa
zanahoria y a los finos filamentos de un
puerro para ver que las raíces tienen formas
y tamaños diferentes. Las fibrosas raíces
en forma de fideos y las gruesas raíces
tuberosas colonizan el suelo del huerto.

14

REMOLACHA

ZANAHORIA

Las hojas crecen al aire libre.

La parte redonda de la remolacha es su tallo.

Las remolachas tardan en crecer unos 120 días.

La raíz principal contiene otras raíces, que crecen hacia los lados.

La raíz puede tener forma cónica.

La raíz tuberosa de la zanahoria contiene azúcares que le dan energía para crecer.

Tubérculos

Las zanahorias y las hortalizas de este grupo ocupan más espacio que las plantas de raíces finas. Crecen hacia abajo desde la mitad de la planta y se hunden en el suelo en busca de agua.

Estas hortalizas bajan a más profundidad.

CULTIVAR ALIMENTOS

Las frutas, verduras, legumbres y cereales de nuestra despensa necesitan un suelo sano para crecer. Los campesinos cuidan mucho el suelo de sus cultivos.

Las babosas se comen las plantas y las lombrices.

En los suelos sanos hay escarabajos, que acaban con plagas, como las babosas.

Plantar semillas

Hay que plantar las semillas a una cierta profundidad: cerca de la superficie, se las comerán las aves; muy profundas, ¡no brotarán!

Con la harina de maíz se elaboran unos panes planos, las tortillas.

Chequeo

Un buen suelo presenta grumos y muchas lombrices. Los agricultores hacen agujeros para ver la salud del suelo antes de sembrar.

El espantapájaros ahuyenta a las aves para que no se coman las semillas.

China es el país que produce más trigo del mundo.

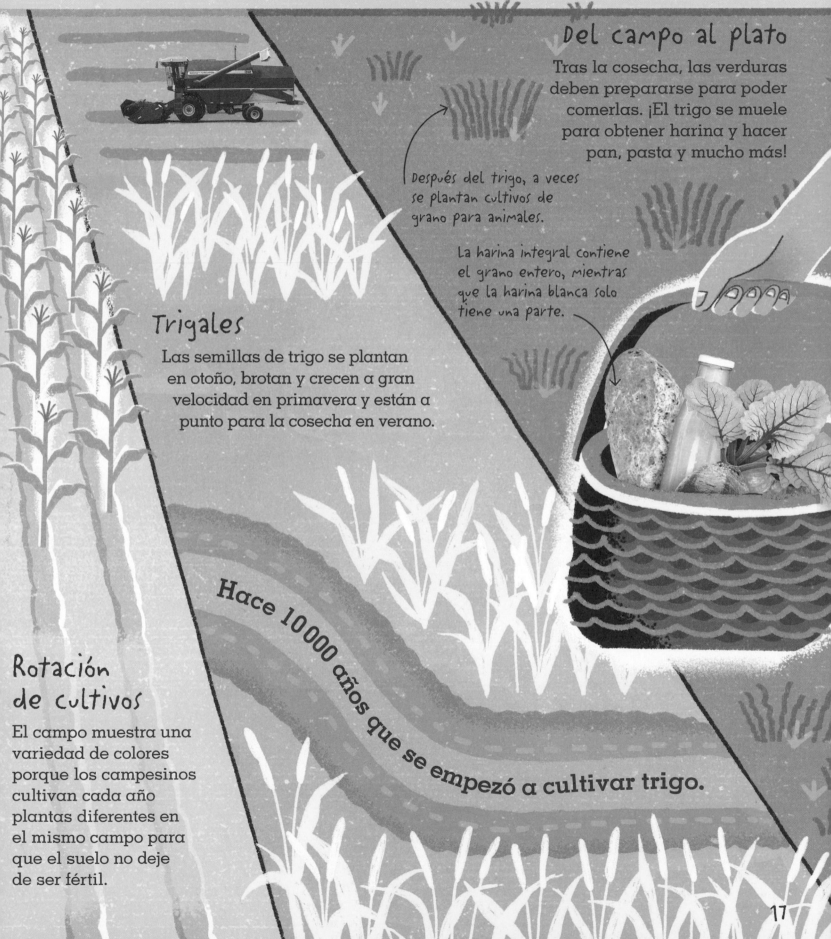

Del campo al plato

Tras la cosecha, las verduras deben prepararse para poder comerlas. ¡El trigo se muele para obtener harina y hacer pan, pasta y mucho más!

Después del trigo, a veces se plantan cultivos de grano para animales.

La harina integral contiene el grano entero, mientras que la harina blanca solo tiene una parte.

Trigales

Las semillas de trigo se plantan en otoño, brotan y crecen a gran velocidad en primavera y están a punto para la cosecha en verano.

Hace 10 000 años que se empezó a cultivar trigo.

Rotación de cultivos

El campo muestra una variedad de colores porque los campesinos cultivan cada año plantas diferentes en el mismo campo para que el suelo no deje de ser fértil.

17

Los pájaros cazan lombrices para alimentar a sus polluelos.

LABOR DE GUSANOS

Las lombrices trabajan mucho, sobre todo en primavera y otoño, con el suelo caliente y húmedo. Los tres tipos principales de lombrices son las de superficie, las de la capa vegetal y las de las profundidades.

Cada tipo de lombriz vive a una profundidad distinta.

Descomposición de hojas

Las lombrices rojas suelen ser del tamaño de una cerilla. Se alimentan de hojas muertas cerca de la superficie del suelo. Los nutrientes de las hojas vuelven al suelo en forma de caca.

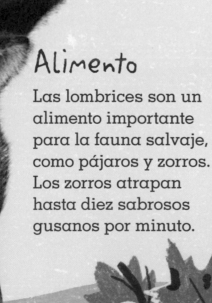

Alimento

Las lombrices son un alimento importante para la fauna salvaje, como pájaros y zorros. Los zorros atrapan hasta diez sabrosos gusanos por minuto.

Las lombrices de superficie viven sobre el suelo.

Retiro

A veces el suelo está demasiado seco para las lombrices, así que excavan una pequeña cámara y se enrollan para evitar perder la humedad. Pueden estar así días o meses, hasta que mejoren las condiciones del suelo.

Las lombrices pasan el verano en sus cámaras recubiertas de moco.

Chefs de plantas

Estas lombrices pálidas de la capa vegetal comen tierra, que sale en forma de caca y que las plantas absorben como alimento. Son hasta el triple de largas que las de superficie.

Las lombrices de la capa vegetal hacen galerías laterales.

Los turrículos (cacas) llenan las galerías y por eso las lombrices siguen excavando.

Los turrículos aportan nutrientes necesarios para las plantas.

Comida para plantas

Las plantas no pueden absorber la materia de otras plantas, y las lombrices u otros microorganismos la descomponen en un material rico en nutrientes.

Gusanos de las profundidades

Estos gusanos son del tamaño de un bolígrafo y son unos magníficos excavadores: construyen y mantienen galerías verticales.

Estas lombrices pueden vivir hasta 10 años.

Los adultos tienen el clítelo (un anillo) cerca de la cabeza.

Las lombrices jóvenes tienen el cuerpo liso.

Gusanos fontaneros

Las galerías verticales, si no se tocan, pueden durar hasta 30 años. Son canales importantes para que el agua y el aire puedan avanzar por el suelo.

19

DESCOMPOSICIÓN

1 Del árbol al suelo

En otoño muchas hojas estallan en colores rojos, naranjas y amarillos, lo que indica que están casi a punto de caer de árboles y arbustos. Dentro de poco morirán y caerán al suelo.

Los árboles de hoja caduca pierden las hojas cada año.

2 Fragmentos

De noche, los animales del suelo como los milpiés y las lombrices despedazan las hojas muertas para comérselas. De este modo, además, es más fácil que otros habitantes del suelo también puedan comérselas.

Los milpiés comen materia vegetal, como hojas muertas.

3 Dentro del suelo

Las lombrices acumulan las hojas y los trocitos en pilas sobre la superficie del suelo. Poco a poco, estas pilas penetran en las galerías.

Muchos organismos descomponen la materia vegetal del suelo y las plantas se alimentan de ella. ¡Por eso el suelo no está lleno de pilas de cosas muertas!

Esto que parece pelo blanco en una hoja son hongos.

4 Más y más pequeños

Los microbios (seres vivos minúsculos), como los hongos, cubren los fragmentos de hoja. Liberan agentes químicos que descomponen aún más los fragmentos.

Las plantas descompuestas fertilizan el suelo para que crezcan cosas.

Cola de la lombriz

El turrículo sale por el otro lado.

5 Caca de gusano

Las lombrices comen y digieren las hojas en descomposición. Sus turrículos (cacas) se mezclan con el suelo. Los microorganismos como las bacterias se alimentan de estos turrículos y liberan nutrientes para las plantas.

Los nutrientes se absorben cuando pasa la comida.

La comida se almacena aquí poco tiempo.

Cualquier piedrecita ayuda a moler la comida.

Sus labios sorben la comida.

Cabeza de la lombriz

SUELO SECO

En el suelo seco del desierto hay plantas que pueden aguantar mucho tiempo sin lluvia. Son escasas y solitarias, pero tienen una enorme capacidad para absorber agua.

Los pinchos protegen el tallo de las criaturas sedientas.

Su tallo grueso almacena agua.

Cactus

Una gran red de raíces poco profundas le ayuda a captar agua cuando llueve.

Su aspecto de piedra despista a los herbívoros.

Su corteza gruesa y esponjosa contiene agua.

Las raíces se alejan para encontrar agua.

Piedras vivientes

Las piedras vivas absorben el agua de la niebla. Durante las sequías se encogen por debajo del suelo para gastar menos agua.

Algunos cactus pueden sobrevivir hasta dos años sin lluvia.

Saxaul

Las raíces de este árbol mantienen en su lugar una gran cantidad de arena seca, lo que evita la erosión.

SUELO HÚMEDO

La selva es el hogar de miles de plantas, pero su suelo es poco profundo y pobre, y es que las lluvias torrenciales se llevan los nutrientes. Eso sí, algunas plantas son muy listas y viven encima de otras, ¡literalmente!

En la selva llueve diez veces más que en el desierto.

El matapalo rodea otros árboles.

Matapalo

Las semillas de esta planta brotan en las copas de los árboles, húmedas y ricas en nutrientes. Los brotes crecen hacia el suelo de la selva, donde acaban echando raíces.

Los animales comen los frutos del matapalo y esparcen sus semillas.

Raíces gruesas

Los hongos de las raíces ayudan a la planta a absorber nutrientes.

Los árboles altos tienen raíces gruesas que sobresalen del suelo para darles estabilidad. Como los nutrientes están cerca de la superficie del suelo, las raíces son poco profundas.

BONITOS PANTANOS

En las zonas pantanosas hay turberas cenagosas en las que viven unas plantas preciosas y muy especiales. Su suelo, la turba, puede conservar objetos y cuerpos antiguos.

¿Cómo se crea la turba?

En el suelo de la ciénaga hay poco oxígeno, necesario para que se descomponga la materia. Por eso las plantas muertas se acumulan en capas para formar la turba.

Liendrecilla

Rana común

Una de las cosas más raras encontradas en la turba son unos barriles de mantequilla de hace 2000 años.

Cosas antiguas

Algunas cosas permanecen en la turba miles de años sin descomponerse. Incluso se han llegado a encontrar momias del pantano: ¡cuerpos de personas antiguas!

Libélula azul

Brezo de turbera

24

Aguilucho pálido

Calentamiento global

El dióxido de carbono (CO_2) es un gas que atrapa el calor y calienta la Tierra. La turba almacena grandes cantidades de carbono (presente en el CO_2); por lo tanto, proteger los pantanos ayuda a frenar el calentamiento global.

La turba tiene el mismo contenido en carbono que el aire.

Muchas plantas

En las turberas hay plantas raras, como el musgo de turbera, unas diminutas plantas que parecen una alfombra porque crecen muy juntas.

Cola de liebre

La turba tarda miles de años en formarse.

Musgo de turbera

Chorlito dorado

En el pasado muchas personas secaban y quemaban turba para calentar la cocina.

Libélula emperador

Suelo negro

La turba está formada por plantas parcialmente descompuestas, lo que le da su típico color negro. Su tacto es suave y esponjoso.

SOL, VIENTO Y LLUVIA

La lluvia intensa nos deja empapados... y arrasa el suelo desnudo. El suelo necesita plantas que lo protejan de las inclemencias del tiempo, ¡ya sean lluvias torrenciales, un sol implacable o vientos huracanados!

Los remolinos de aire y tierra también se conocen como diablos de polvo.

Seco y árido

Las plantas mantienen el suelo seco en su lugar. Si el sol seca el suelo desnudo, el viento se lo lleva.

Las hojas de las plantas protegen el suelo de la lluvia.

Las raíces de las plantas fijan el suelo.

Salpicaduras

Cada gota de lluvia estropea el suelo. Si impactan en la tierra con mucha fuerza separan sus partículas y se las llevan.

Inundaciones

Los terrenos con pendiente sin raíces de plantas que los fijen están en peligro: si llueve demasiado, puede haber inundaciones que se lleven el suelo.

26

Erosión río abajo

El suelo que se llevan las inclemencias meteorológicas llega a los ríos y de ahí al mar. Así es como se pierde para siempre el suelo que tardó miles de años en formarse.

La nieve protege las plantas de las heladas que podrían matarlas.

Hacen falta 500 años para formar 2,5 cm del suelo.

Bien congelado

A veces los agricultores dejan los campos sin plantar durante el invierno para acabar con las enfermedades de las plantas. El clima frío congela el suelo y no deja que el viento se lo lleve.

27

NOCHE EN VELA

La actividad del suelo no se detiene de noche. Los animales nocturnos duermen de día y se despiertan cuando te vas a la cama para buscar comida.

Algunos animales ven en la oscuridad.

Buscadores furtivos

Las criaturas pequeñas buscan comida, como bayas, de noche. La oscuridad las protege, porque a los predadores les cuesta más verlas.

Los ratones buscan frutos secos y fruta.

Las larvas de hormiga león cavan pozos para atrapar hormigas

Cazadores terrestres

Los cazadores terrestres esperan durante el día en lugares húmedos y oscuros, por ejemplo, bajo las rocas. Salen de noche para cazar buscadores nocturnos.

Los ciempiés gigantes son unos implacables cazadores de insectos.

Los escarabajos cazan sabrosas orugas y larvas.

Diablos voladores

Muchas aves nocturnas se lanzan
disparadas para atrapar presas del
suelo. El egotelo australiano atrapa
grillos y hormigas que salen tras
la puesta de sol.

Insectos cantarines

Los chirridos agudos llenan
la noche. Algunos insectos,
como los grillos, hacen este
ruido frotando determinadas
partes del cuerpo, a menudo
para atraer a las hembras.

Las hormigas gigantes
australianas buscan
comida de noche.

Flores
nocturnas

Algunos cactus solo
florecen de noche. Sus
flores atraen criaturas
aladas que transportan
el polen a otras flores.

29

LOS HONGOS

Una seta venenosa del bosque es un hongo...
¡y también los champiñones que hay en tu
nevera! Los hongos pueden ser organismos
enormes o unos microbios diminutos sin los
cuales muchas plantas no podrían crecer.

Cortinario violáceo

¿Qué es un hongo?

Los hongos no son plantas, animales
ni bacterias. Su cuerpo se compone
de miles de diminutos filamentos
que se extienden en el suelo.

Matamoscas

Gliophorus viridis

Aleuria aurantia

Plantas amigas

Hay hongos en las raíces
de las plantas. Absorben los
nutrientes del suelo para la
planta y, a cambio, reciben
comida de esta.

Qué comen los hongos

Los hongos no tienen boca ni
estómago: absorben la comida
directamente o la descomponen
con agentes químicos (enzimas)
para poder absorberla.

Deben de existir unos 5 millones de especies de hongos, ¡pero aún no se han descubierto todos!

Las esporas son como semillas minúsculas.

Werewere-kokako

El nombre de este hongo se debe a la barba azul del kokako, un ave.

Gírgola

Algunas setas son comestibles, ¡y otras, venenosas!

Champiñón de prado

Setas mágicas

Las setas son la parte de los hongos que sale del suelo para liberar sus esporas. El viento transporta estas esporas, que se transforman en nuevas setas.

Colibia

Hongo imperial

Hongo descomunal

El más grande del planeta es un hongo que cubre 8,8 km² bajo el suelo de todo un bosque en Oregón, en Estados Unidos.

Los hongos no tienen hojas, raíz ni tallo.

Las estrellas de tierra emiten una nube de esporas que parece humo.

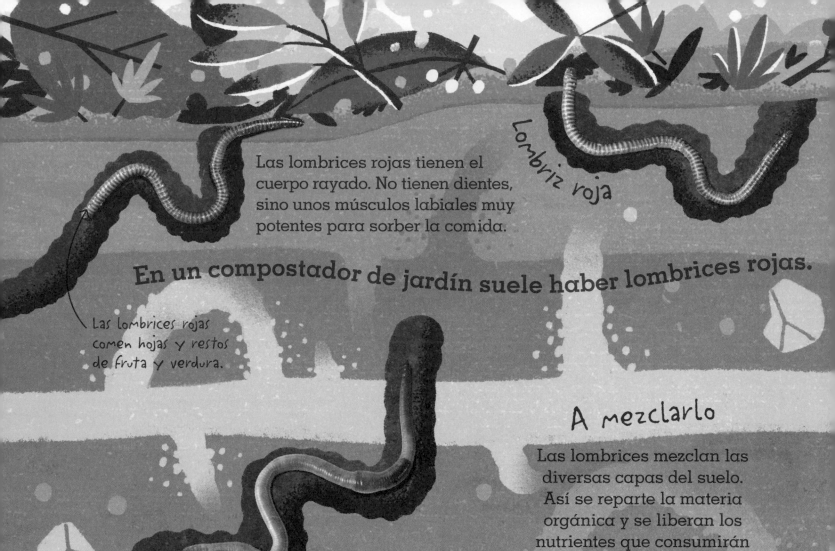

Las lombrices rojas tienen el cuerpo rayado. No tienen dientes, sino unos músculos labiales muy potentes para sorber la comida.

Lombriz roja

En un compostador de jardín suele haber lombrices rojas.

Las lombrices rojas comen hojas y restos de fruta y verdura.

A mezclarlo

Las lombrices mezclan las diversas capas del suelo. Así se reparte la materia orgánica y se liberan los nutrientes que consumirán los animales del suelo.

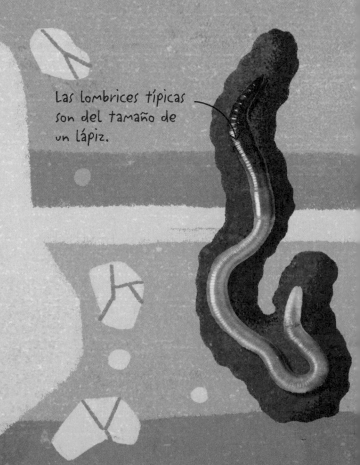

Las lombrices típicas son del tamaño de un lápiz.

GUSANOS INCREÍBLES

Pasan su vida ocultos, salvo que sepas dónde mirar. Abre el compostador y verás lombrices rojas, cava en el suelo para ver lombrices rosas, verdes e incluso amarillas y, si vas a la playa, busca los montoncitos de arena que suele dejar el gusano tritón.

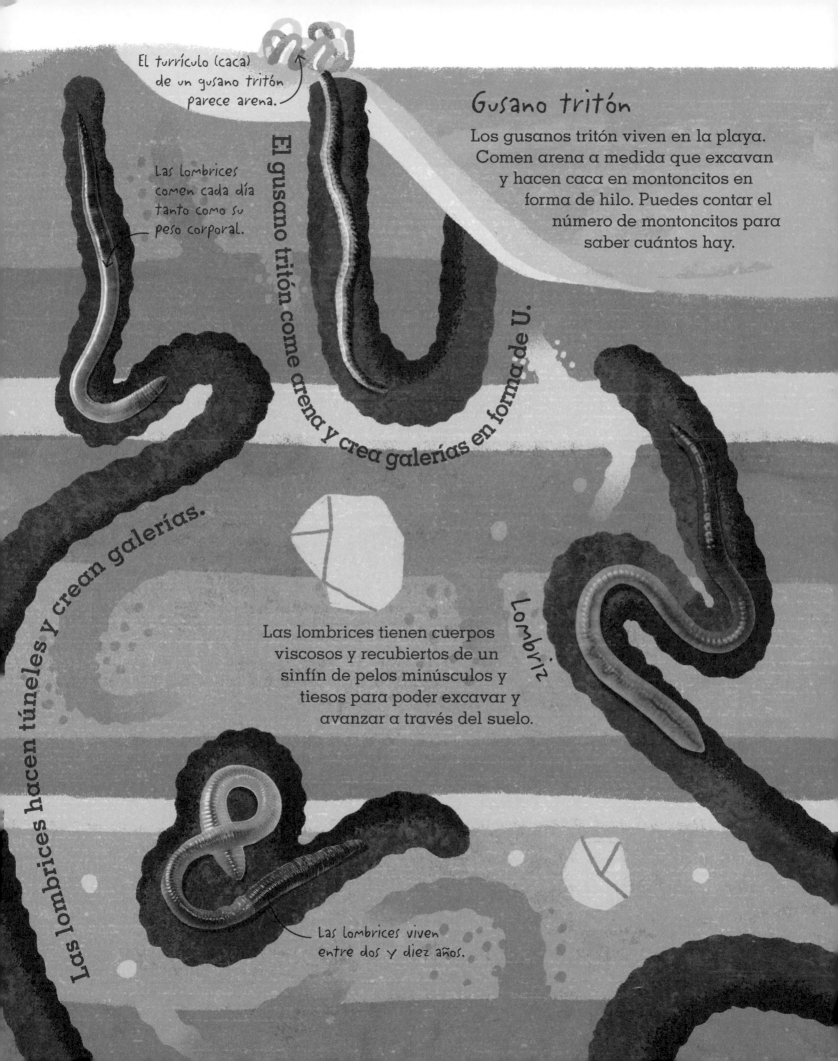

El turrículo (caca) de un gusano tritón parece arena.

Las lombrices comen cada día tanto como su peso corporal.

El gusano tritón come arena y crea galerías en forma de U.

Las lombrices hacen túneles y crean galerías.

Gusano tritón

Los gusanos tritón viven en la playa. Comen arena a medida que excavan y hacen caca en montoncitos en forma de hilo. Puedes contar el número de montoncitos para saber cuántos hay.

Las lombrices tienen cuerpos viscosos y recubiertos de un sinfín de pelos minúsculos y tiesos para poder excavar y avanzar a través del suelo.

Lombriz

Las lombrices viven entre dos y diez años.

Topo estrellado

Los tentáculos que tiene este topo en la boca detectan las señales eléctricas de las presas. ¡El topo estrellado es el mamífero que come más rápido de la Tierra!

TOPOS TENACES

Puede que bajo tus pies un topo esté cavando su red de túneles subterráneos. Este animal dedica casi todo su tiempo a excavar y esperar que sus presas, los gusanos, caigan del techo de tierra.

Excavar

La mayoría de los topos tienen las manos en forma de pala para excavar.

Los topos son casi ciegos: bajo tierra la vista no sirve para nada.

Topera

La tierra que excavan los topos se acumula en pilas conocidas como toperas.

La comadreja de cola larga se come a los topos y a veces invade estos túneles.

¡Diversos topos aprovecharán el mismo túnel si el inquilino original se va!

Túnel de comida

Los túneles del topo son trampas mortales para los gusanos que caen dentro de ellos. Al hacerlo, provocan vibraciones, y el topo se dirige hacia allí a toda prisa.

Las crías de topo no tienen pelo hasta las dos semanas.

Los topos viven solos y se enfrentan a cualquier invasor.

Nido

Esta cámara está recubierta de hojas y hierba seca. Aquí, seguros, nacen y crecen los topos.

Despensa de gusanos

Una toxina de la saliva del topo paraliza a los gusanos. Las «despensas» sirven para almacenar cientos de gusanos paralizados.

¡La mayoría de los topos son más pequeños que tu pie!

EXCAVADORES

¿Has visto alguna vez alguna criatura desapareciendo en un agujero? Es probable que fuera la entrada a una red de túneles y cámaras, su madriguera.

Los tejones se comen a los conejos.

Los hambrientos coyotes acechan hasta que salen las taltuzas.

Las taltuzas echan la tierra afuera al excavar; por eso se ven estos grandes montículos en la superficie.

Madriguera de conejos

El conejo común come plantas al anochecer y al amanecer. Si un predador les molesta, se ocultan en su red de túneles o guarida.

Taltuzas

Las taltuzas usan sus garras y sus grandes dientes para excavar túneles y salen por algún agujero para comer plantas. Sus madrigueras cuentan con nidos profundos y cámaras para guardar comida.

Los cerdos hormigueros excavan madrigueras para esconderse de los leones.

Larga lengua

El cerdo hormiguero africano pasa el día en su madriguera subterránea. De noche sale a buscar termitas, que captura con su larga lengua.

El cerdo hormiguero destruye nidos de termitas para llegar a sus presas.

Los chipmunks saltan a su madriguera para evitar el lince rojo.

Los predadores no caben en la madriguera.

Los chipmunks

Las madrigueras de chipmunks no tienen montones de tierra porque se la llevan en los carrillos o abazones. Las madrigueras cuentan con muchas entradas y cámaras de frutos secos y semillas.

Las cochinillas no hacen pipí: lanzan gas por el caparazón.

A las cochinillas les gusta roer madera y hojas.

Cochinillas

Las cochinillas son crustáceos, igual que el marisco.

La cochinilla se convierte en bola para protegerse.

Insectos

Los insectos tienen seis patas; su cuerpo se divide en tres partes. Muchos viven bajo tierra. Los abejorros pasan el invierno durmiendo bajo tierra.

Algunas cigarras se quedan bajo tierra hasta los 17 años.

Las presas pisan los túneles con telarañas, que vibran y la araña sabe dónde están.

Arañas

Las arañas tienen ocho patas. Pueden ser pequeñas o ¡más grandes que tu mano! Tejen telarañas pegajosas para atrapar a sus presas, como por ejemplo los insectos.

Babosa

PEQUEÑOS INVERTEBRADOS

El 90 % de las criaturas de la Tierra son animales sin columna vertebral. Se les conoce como invertebrados y el suelo está repleto de ellos.

Los onicóforos lanzan unos mocos que se endurecen para que las presas no puedan escapar.

Moluscos

Los moluscos tienen un pie grande y viscoso con el que se mueven. Los caracoles viven en sus caparazones, que los protegen de predadores.

Caracol

Onicóforos

Se les llama gusanos aterciopelados por su suave textura. Parecen gusanos pero tienen muchas patas.

Tiene un par de garras en cada pata.

Las recolectoras buscan hojas para la colonia.

Cortadoras de hojas

Recogen hojas para los hongos que cultivan como alimento. Cada hormiga tiene una tarea para contribuir a la vida de la colonia.

HORMIGUEROS

¿Y si fueras tan pequeño como para poder seguir a una hormiga bajo tierra? Entrarías en una red de túneles conectados llenos de cientos, miles o hasta millones de hormigas. Es lo que se conoce como una colonia.

Los túneles son como nuestras carreteras.

Una única reina suele poner todos los huevos de la colonia.

Supercolonias

Las colonias pueden unirse y formar supercolonias. En Europa existe una supercolonia que cubre casi 6000 km.

Las excavadoras hacen nuevos túneles y se llevan la tierra.

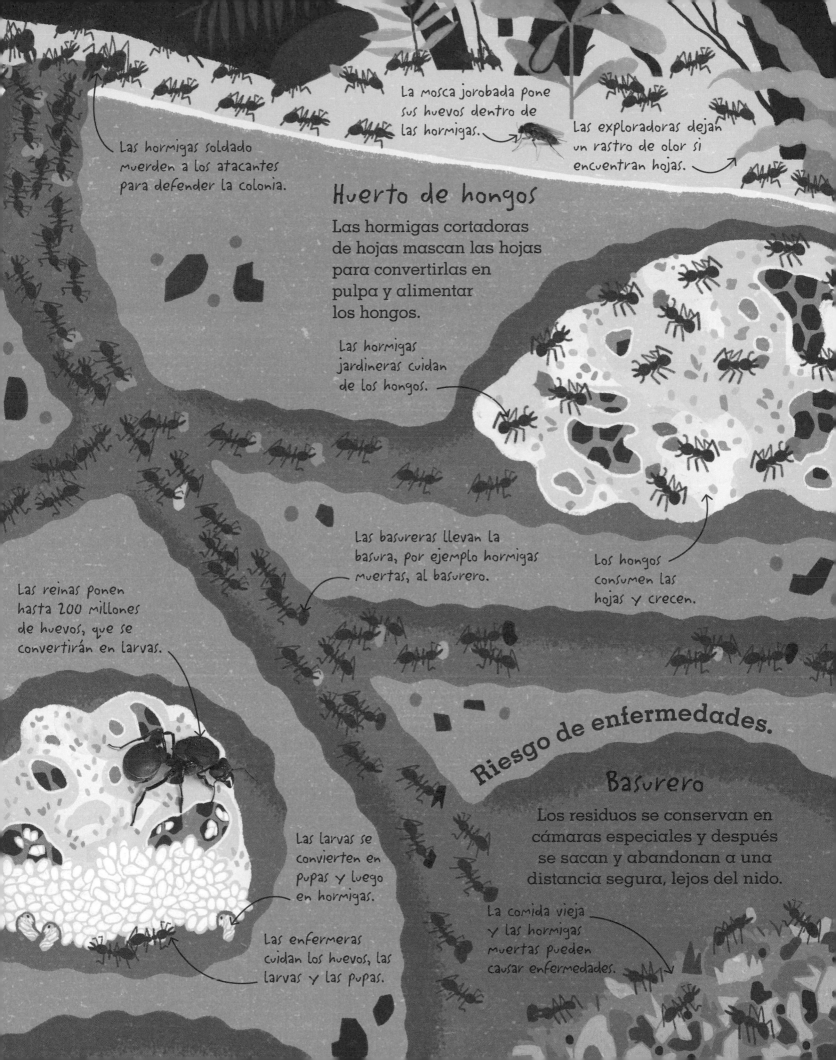

Las hormigas soldado muerden a los atacantes para defender la colonia.

La mosca jorobada pone sus huevos dentro de las hormigas.

Las exploradoras dejan un rastro de olor si encuentran hojas.

Huerto de hongos

Las hormigas cortadoras de hojas mascan las hojas para convertirlas en pulpa y alimentar los hongos.

Las hormigas jardineras cuidan de los hongos.

Las basureras llevan la basura, por ejemplo hormigas muertas, al basurero.

Los hongos consumen las hojas y crecen.

Las reinas ponen hasta 200 millones de huevos, que se convertirán en larvas.

Riesgo de enfermedades.

Basurero

Los residuos se conservan en cámaras especiales y después se sacan y abandonan a una distancia segura, lejos del nido.

Las larvas se convierten en pupas y luego en hormigas.

La comida vieja y las hormigas muertas pueden causar enfermedades.

Las enfermeras cuidan los huevos, las larvas y las pupas.

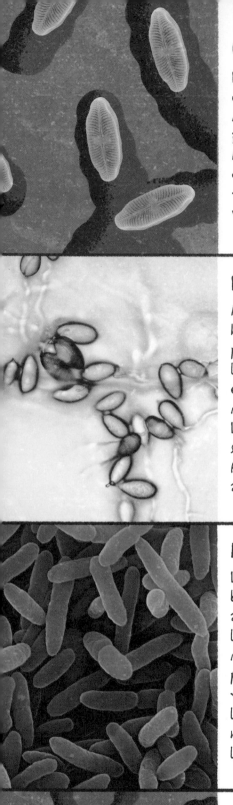

Una sola célula

Los seres vivos están compuestos por unas piezas minúsculas, las células. ¡Tú las tienes a billones! No obstante, la mayoría de los microbios son «unicelulares»: todo el ser vivo es una única célula.

Los más problemáticos

Algunos microbios del suelo hacen enfermar a las plantas. Las gotas de la lluvia pueden salpicar el suelo y hacer que los microbios lleguen a las hojas. Las pequeñas plantas en el suelo pueden evitarlo frenando las gotas de lluvia antes del impacto.

Héroes ocultos

Los microbios también son buenos para las plantas: algunos protegen sus raíces liberando antibióticos, que matan a otros microbios perjudiciales para las plantas y mejoran su resistencia a las enfermedades. Y, de regalo, ¡algunos brillan en la oscuridad!

Espacios en el suelo

Los microbios ayudan a mantener la estructura del suelo: excavan túneles y cavernas. El agua y el aire, necesarios para que vivan las plantas, se desplazan por estos espacios.

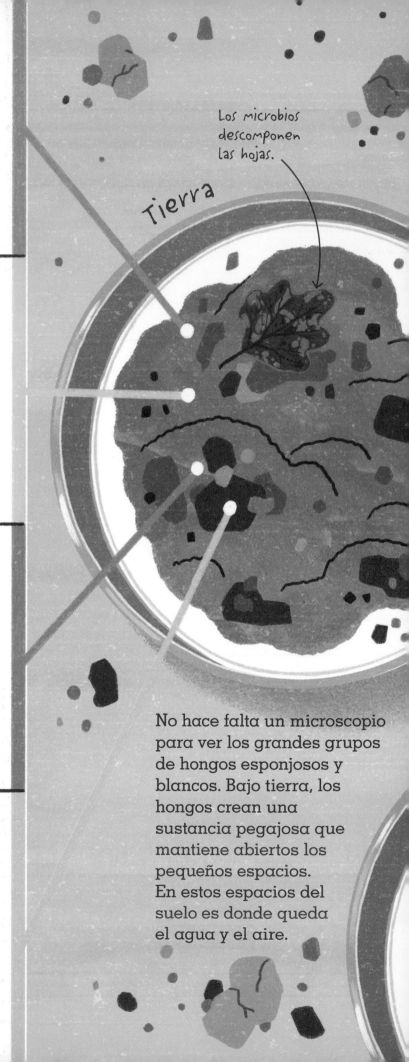

Los microbios descomponen las hojas.

Tierra

No hace falta un microscopio para ver los grandes grupos de hongos esponjosos y blancos. Bajo tierra, los hongos crean una sustancia pegajosa que mantiene abiertos los pequeños espacios. En estos espacios del suelo es donde queda el agua y el aire.

VIDA DIMINUTA

Una pequeña cantidad de tierra contiene miles de millones de diminutos seres vivos, los microbios. Por lo general solo pueden verse con un microscopio y así los estudian los científicos.

Los billones de microbios del suelo no son unos holgazanes: realizan un sinfín de trabajos útiles. Por ejemplo, transforman los nutrientes para que puedan absorberlos las plantas y crezcan lo suficiente... ¡para que podamos comérnoslas!

Hay más microbios en una cucharadita de tierra que personas en el mundo.

Algas

Hongos

En la superficie de la tierra podemos ver un gran número de microbios que aparecen en forma de moco azul y verde, que pueden ser plantas microscópicas (algas), bacterias o una mezcla de ambas.

MICROBIOS EN ACCIÓN

El mundo sería muy distinto sin microbios. Desde descomponer cosas muertas a producir oxígeno para que podamos respirar, aquí solo se muestra una pequeña parte de lo que hacen.

Oxigenar

Necesitamos el oxígeno para respirar, ¡pero sin las bacterias el aire no tendría tanto oxígeno! Algunas bacterias crean este gas tan importante.

Nostoc es un grupo de bacterias que producen oxígeno.

Cuidar las plantas

Algunos hongos, como *Trichoderma citrinoviride*, viven en las plantas y producen antibióticos (medicinas) para luchar contra las enfermedades.

Enfermar

Phytophthora infestans es un microbio que causa el tizón, una enfermedad de las patatas y los tomates, responsable de muchas hambrunas históricas.

Una sola hoja es un festín para muchos microbios.

Los microbios descomponen animales y plantas.

Cuidar el planeta

El metano es un gas de efecto invernadero que empeora el calentamiento global. *Methylocapsa gorgona* absorbe el metano del aire, pues lo necesita para sobrevivir.

Alimentar

Algunas plantas no podrían sobrevivir sin bacterias como las *rhizobia*. Este microbio absorbe el nitrógeno del aire y lo utiliza para crear el alimento que la planta necesita para crecer.

Transformar

Los hongos del género *Mortierella* descomponen las plantas y los animales muertos en otras materias para que otros seres vivos puedan alimentarse.

TODO LO QUE RELUCE

Si haces un agujero seguramente darás con una piedra. Límpiala de tierra con los dedos y notarás una textura granulada. Tras miles de años, rocas y minerales se transforman en los componentes del suelo.

La lluvia queda en las grietas, se congela, crece y rompe trocitos de la roca.

De roca a guijarro

La nieve y el hielo van rompiendo y disolviendo las rocas mediante la erosión, hasta que quedan convertidas en las pequeñas partículas que forman el suelo.

Batea de piedras

Las piedras preciosas pesan más que la tierra. Se pueden encontrar por batea, lavando la tierra con agua.

Los ríos se llevan las rocas del lugar en que se han formado.

Tesoro sólido

Las piedras se dividen en rocas y minerales, las sustancias duras que forman las rocas. Las rocas se crean de distintas maneras. ¡Algunas a partir de lava volcánica cuando esta se enfría!

Jaspe dálmata

Cuarzo rosa

Lapislázuli

Mármol

Las partículas de arcilla parecen pequeños platos.

El tamaño importa

Las partículas del suelo son de varios tamaños. Si una partícula de arcilla fuera del tamaño de una moneda, el lodo sería como una pelota de tenis, y un grano de arena, ¡como un globo aerostático!

Arena

Arcilla

Lodo

Las partículas de arena parecen rocas muy pequeñas.

Oro

Granate

Arenisca

Citrino

El suelo idóneo para las plantas no tiene mucha arena ni arcilla.

Alimento

El suelo se compone de partículas de arena, lodo y arcilla, cuyas cantidades afectan a la fertilidad del suelo, a la capacidad de retener agua o drenarla.

Tanto plantas como animales pueden convertirse en fósiles.

Los fósiles son las marcas (por ejemplo, pisadas) o restos en rocas que hicieron seres vivos hace millones de años.

Ocho años tarda una capa de suelo fina en formarse.

47

Las plantas carnívoras, como los rocíos del sol y las pinguículas, atrapan moscas con sus hojas pegajosas.

Té del labrador

Rocío del sol

Arándano

Musgo de turbera

Pinguícula

Esta planta se suele usar para hacer infusiones.

Murumuru

Acacia de copa plana

Olivo del Sahara

Euphorbia echinus

Palmera que camina

Suelos pantanosos

Las turberas de los pantanos son más que el hábitat de especies únicas. Almacenan más carbono que cualquier otro suelo, con lo que evitan el calentamiento global.

Manirote

Se han catalogado más de 70 000 tipos de suelos.

Pinza de langosta

A los colibríes les encanta el néctar de pinza de langosta.

SUELOS DEL MUNDO

Suelos selváticos

Están en regiones cálidas con mucha lluvia. Se trata de suelos con pocos nutrientes, pero cuentan con millones de especies de plantas.

En un país puede haber miles de suelos distintos. Hay plantas adaptadas a cada tipo de suelo: desde los grandes árboles (como la palmera) hasta las suculentas.

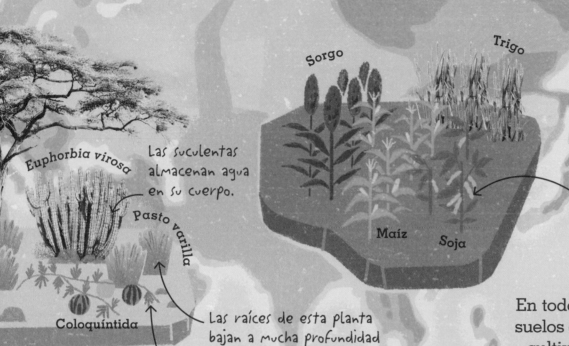

Euphorbia virosa

Las suculentas almacenan agua en su cuerpo.

Pasto varilla

Coloquíntida

Sorgo

Trigo

Maíz

Soja

Las habas de soja se utilizan para hacer alimentos como el tofu.

Las raíces de esta planta bajan a mucha profundidad para buscar el agua.

Las hierbas resistentes a la sequía son básicas para los animales del desierto.

Suelos agrícolas

En todo el planeta se aprovechan suelos con muchos nutrientes para cultivar productos como el trigo. China es el mayor productor de alimentos del planeta.

Suelos áridos

Las zonas donde llueve poco tienen suelos áridos. Aquí, las raíces de las plantas son largas y los tallos, gruesos y carnosos para almacenar agua. Las raíces ayudan a fijar el suelo.

En la Antártida todo está congelado y apenas crecen plantas.

49

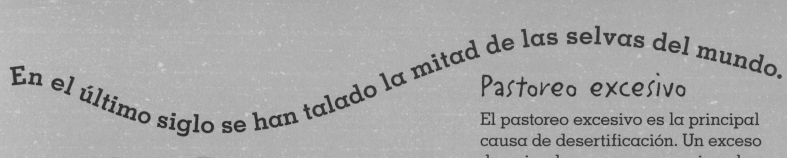

En el último siglo se han talado la mitad de las selvas del mundo.

Pastoreo excesivo

El pastoreo excesivo es la principal causa de desertificación. Un exceso de animales que comen y pisan las plantas puede arrasar con toda la vegetación. Después, con el viento y la lluvia, el suelo desaparece.

Deforestación

Los árboles se talan para hacer combustible, para fabricar cosas y para cultivar campos en su terreno. Si se talan demasiados árboles y no se plantan otros, el suelo queda desnudo y sin las raíces de estos para mantener la tierra en su lugar.

La madera se usa para hacer papel.

El agua o el viento se llevan la tierra que queda suelta.

Muy pocas plantas crecen en tierras desertificadas.

TIERRA O ARENA

La tierra seca tiene pocas plantas para alimentar a los animales.

Los seres humanos hacemos que el suelo pierda sus nutrientes y se convierta en arena suelta y seca. Es lo que se llama desertificación, un proceso perjudicial para nosotros y para el medio ambiente.

50

Agricultura excesiva

Un exceso de cultivos agotará los nutrientes y el agua del suelo, por lo que las plantas nuevas no serán capaces de sobrevivir.

Las áreas alrededor de los desiertos tienen más riesgo de desertificación.

Durante una sequía deja de llover y las plantas sufren.

Calentamiento global

Si el planeta se calienta más, aumentará la desertificación. Algunos cultivos no crecen bien en un clima más cálido. Al llover menos, el suelo se seca y se lo lleva el viento.

El suelo desertificado es muy suelto y las plantas no pueden fijar bien sus raíces.

Más de 100 países están en riesgo de desertificación.

Zaï

Tierra desertificada

En la arena crecen pocas cosas. También retiene menos carbono que el suelo fértil. Si el carbono se libera al aire en forma de gas, atrapa el calor y puede acelerar el calentamiento global.

Afrontar el problema

Hay formas de aprovechar la tierra desertificada. Se pueden cultivar plantas en Zaï, agujeros que recogen agua y pueden llenarse con caca de animal, rica en nutrientes, o tierra.

51

POLVO LUNAR

La Luna es de color gris plateado, no tiene áreas verdes como las de la Tierra. No tiene agua líquida, ni atmósfera que bloquee la radiación perjudicial y contenga los gases necesarios para que vivan las plantas. Pero el polvo lunar se parece al suelo de la Tierra.

Polvo lunar

En el polvo lunar no hay seres vivos que excaven túneles y cavernas. En la Tierra, el agua, los gases y los nutrientes tienen estos espacios para que las plantas puedan absorberlos.

El polvo lunar se compone de fragmentos de cristal.

Los impactos de grandes meteoritos causan cráteres.

La roca lunar se forma al enfriarse la lava en la superficie.

Suelo de verdad

El suelo necesita seres vivos, ya que acaban por formar la materia orgánica de su interior y también su estructura. Aunque fueras capaz de añadir agua al polvo lunar, lo único que obtendrías sería una pasta.

La Luna recibe un bombardeo constante de meteoritos.

Formación explosiva

Los meteoritos son los causantes principales del polvo lunar. Sus impactos rompen en trocitos parte de la superficie de la roca.

Los impactos de los meteoritos hacen que salgan despedidos al espacio trocitos de roca lunar.

Estudiar el suelo lunar

La última visita a la Luna fue en las misiones Apolo de las décadas de 1960 y 1970. Los astronautas recogieron polvo lunar para estudiarlo al volver a la Tierra.

Los astronautas hicieron agujeros y recogieron muestras.

¡Los astronautas probaron el polvo lunar!

Plantas en suelo lunar

En el polvo lunar hay muchos de los nutrientes del suelo terrestre. Los científicos lograron cultivar plantas en un suelo que imitaba el polvo lunar. Las plantas crecieron durante 50 días.

Tomate

Mostaza de campo

Trigo

Berro

¿CRECERÍAN LAS PLANTAS EN MARTE?

Puede que algún día podamos plantar verduras en Marte. Su suelo tiene los nutrientes necesarios para las plantas, y también algunas toxinas que se podrían retirar. Pero en Marte no hay agua líquida, que habría que producir para las plantas. También sería necesario protegerlas de las malas condiciones.

Suelo poco adecuado

El suelo marciano es muy parecido al polvo lunar. Tampoco hay en él seres vivos que creen espacios para que las plantas puedan crecer.

El róver perforará el suelo en busca de microorganismos.

Rocas marcianas

En otros tiempos llovió en Marte. El agua se congeló en las grietas de su superficie rocosa. El hielo creció y rompió fragmentos de roca que continúan formando parte del suelo actual.

La atmósfera de Marte se compone en un 95 % de dióxido de carbono.

La atmósfera

La capa de gas que envuelve un planeta se conoce como atmósfera. La fina atmósfera de Marte no filtra la radiación mala del Sol, como el viento solar (unas partículas que dañan todo lo que tocan).

Agua en Marte

El Sol ha convertido en gas casi toda el agua de Marte, que se ha evaporado en el espacio. Pero aún quedan los casquetes polares.

Los casquetes de hielo son tan fríos que el gas se congela en estado sólido y cae al suelo.

Investigar Marte

La Agencia Espacial Europea tiene planeado enviar un róver a Marte para buscar vida que podría estar enterrada en el suelo.

Se ha cultivado en una copia del suelo marciano.

Astrojardineros

Para cultivar plantas en Marte haría falta un invernadero especial para proteger las plantas de las temperaturas extremas. También serviría para que estas no explotaran en el aire, que tiene muy poca presión.

Los astronautas cultivarían verduras.

Un invernadero debería tener más presión atmosférica.

SÉ UN CIENTÍFICO DEL SUELO

Festín para gusanos

Necesitas: una paleta, cartulina, una pala, un boli, cinta, un palo

En los suelos sanos hay todo tipo de organismos, desde lombrices hasta microbios. Si tienes jardín, entierra un calcetín de algodón para ver si el suelo está lleno de organismos.

1. Cava un agujero de 20 cm y deja la tierra en un papel.

2. Con una paleta, llena el calcetín con parte de esta tierra.

3. Coloca el calcetín en el agujero y tápalo con la tierra que queda.

Hotel para gusanos

Necesitas: una botella de plástico de 2 litros, tijeras, compost, tierra,

Las lombrices se pasan la vida escondidas. Hazles un hotel y descubre qué hacen en el suelo antes de devolverlas a su hogar para que sigan trabajando.

1. Pide a un adulto que corte la botella por la mitad. ¡Ten cuidado con las tijeras! Añade una capa de tierra de 10 cm. Rocíala con agua.

2. Añade 0,5 cm de arena, 0,5 cm de compost y 5 cm de tierra. Rocía con agua después de cada capa. Con un lápiz, haz agujeros de 1 cm en el hotel.

3. Cava en el jardín hasta encontrar cinco gusanos. Déjalos en el hotel. Se ocultarán en los agujeros. Pon hojas para que coman.

Zanahorias estupendas

Necesitas: un trozo de huerto, una paleta, una regadera,

Antes de cultivar zanahorias, suelen retirarse piedras y ramas del suelo para que crezcan rectas, sin objetos que les impidan el paso. Aquí verás qué pasa si no se retiran...

1. Las zanahorias se cultivan entre abril y julio. Pasa el rastrillo por la tierra y cava un surco de 1 cm de profundidad.

2. Esparce las semillas de zanahoria por el surco, unas 10 cada 2,5 cm. Tápalas con tierra.

Marca la fecha, tus iniciales y el nombre de la planta.

3. Si durante los primeros días no llueve, riega el surco y tápalo con periódicos húmedos más o menos una semana.

y un calcetín viejo 100 % algodón.

4. Haz un cartel con la cartulina, la cinta y el palo. Marca el lugar.

5. Desentierra el calcetín al cabo de ocho semanas. Si aparece comido y lleno de agujeros, ¡el suelo está sano y tiene muchos organismos!

arena, un lápiz, un pulverizador, cartón, hojas y cinta.

4. ¡A los gusanos les gusta estar a oscuras! Tapa el hotel con cartón para que no entre luz. Pulveriza con agua a diario.

5. Tras una semana, retira el cartón y mira cómo ha cambiado el suelo. Habrá muchas galerías, las capas habrán ido desapareciendo y puede que hayan tirado de las hojas hacia abajo.

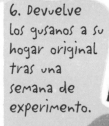

6. Devuelve los gusanos a su hogar original tras una semana de experimento.

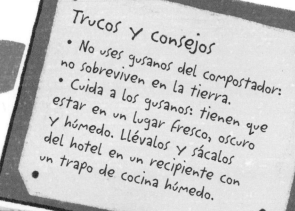

un rastrillo, semillas de zanahoria, un periódico, etiquetas y una zanahoria del mercado.

4. Riega las zanahorias a menudo pero con cuidado, desde el suelo.

5. Cuando las plantas midan unos 10 cm, acláralas: deja solo una planta cada 6 cm y arranca las más pequeñas.

6. ¡Las zanahorias tienen que haber crecido tras 16-20 semanas! Tira con suavidad para arrancarlas.

7. ¡Compara las zanahorias con la del mercado para ver la diferencia!

CUIDAR EL SUELO

Para conservar los abigarrados insectos y el sinfín de plantas del planeta, tenemos que cuidar el suelo. Podemos hacer algunos gestos que tendrán mucho impacto.

Seguir el camino

Las raíces de las plantas mantienen la tierra en su lugar y evitan que se la lleven el viento y la lluvia. Si se pisan las plantas al lado de un camino, este se hará cada vez más ancho a medida que la tierra desaparezca. En un parque, ve solo por el camino.

El compost tarda de tres a nueve meses en hacerse.

Hacer compost

Los restos de fruta y verdura se descomponen en grumos de compost marrón, que se puede mezclar con el suelo para que las plantas crezcan mejor. Investiga si en tu barrio se recogen los restos orgánicos en cubos especiales. Si tienes jardín, ¡haz tu pila de compostaje!

La fauna salvaje se alimenta de los hongos de la madera.

Hacer hoteles de insectos

Busca un lugar sombreado en un parque o tu jardín y haz una pila de troncos y ramas. Usa todos los tipos de madera diferentes que puedas para que los escarabajos, ciempiés y arañas tengan un buen refugio.

Dejar libre la tierra

A los animales del suelo les molesta que caves. Si tienes jardín, ¡elige un trozo que no uses y deja que la naturaleza siga su curso! Esparce semillas de flores silvestres para que vengan abejas y mariposas, ¡pero antes pide permiso!

GLOSARIO

Bacterias

Tipo de microorganismo.

Calentamiento global

Proceso que hace subir la temperatura de la Tierra.

Capa vegetal

Capa superior del suelo que contiene mucha materia orgánica.

Carbono

Sustancia que contienen todos los seres vivos y el gas dióxido de carbono.

Contaminante

Sustancia que se mezcla con el agua o el aire y hace que no sea seguro.

Deforestación

Proceso por el que se talan o queman los árboles de un bosque.

Descomposición

Proceso por el que los seres vivos se descomponen en sus componentes químicos básicos tras la muerte.

Desertificación

Conversión del suelo fértil en arena seca y suelta.

Dióxido de carbono

Gas que contiene el aire; también se escribe CO_2.

Ecosistema

Comunidad de plantas y animales de una zona.

Espora

Parte de un hongo que crece hasta convertirse en un hongo nuevo.

Fértil

Capaz de crear o sostener vida.

Flor

Parte de la planta que produce las semillas.

Gas

Sustancia que se encuentra en el aire, sin forma concreta.

Hoja

Parte de la planta que convierte nutrientes, dióxido de carbono y oxígeno en alimento.

Hongos

Grupo de seres vivos separado de las plantas, animales y bacterias.

Insecto

Pequeña criatura de seis patas y un cuerpo dividido en tres partes.

Invertebrado

Animal sin columna vertebral.

Larva

Insecto recién nacido.

Madriguera

Túnel creado por una criatura, a menudo para encontrar comida o como refugio.

Microbio

Otra manera de llamar a los microorganismos.

Microorganismo

Ser vivo diminuto que solo puede verse a través del microscopio.

Mineral

Material natural que forma las rocas.

Nutriente

Sustancia que usa un ser vivo para crecer.

Orgánico

Vivo, ahora o anteriormente, y que contiene carbono.

Organismo

Ser vivo, como un microbio, una planta o un animal.

Partícula

Parte diminuta de algo.

Predador

Animal que come otros animales.

Presa

Animal comido por otros animales.

Pupa

Primeras etapas de vida de algunos insectos en las que tienen una cáscara dura y no se mueven.

Radiación

Partículas o energía que pueden ser nocivos.

Raíz

Parte de la planta que absorbe nutrientes y agua.

Red

Grupo de cosas unidas, como los túneles.

Sedimento

Fragmentos que se acumulan en el fondo de un cuerpo de agua, como un lago.

Tallo

Parte de la planta que sostiene las flores y las hojas.

Turrículo

Caca de gusano.

ÍNDICE

AGRADECIMIENTOS

DK quiere agradecer a: Katie Lawrence, por su asistencia editorial; Katie Knutton, Ashok Kumar, Nimesh Agrawal y Manpreet Kaur, por su asistencia en diseño; Polly Goodman, por la corrección; Helen Peters, por el índice, y Cecilia Dahlsjö, por su consejo sobre las hormigas. Muchas gracias también a Rae Spencer-Jones y a Simon Maughan, de la RHS.

Los editores quieren agradecer a los siguientes por su permiso para reproducir sus fotografías:

(Clave: a, arriba; b, bajo/debajo; c, centro; e, extremo; i, izquierda; d, derecha; s, superior)

6 Dreamstime.com: Aleksandr Kichigin (cda). **7 Dreamstime.com:** Aleksandr Kichigin (cia); Nikkytok (ca). **10 Dorling Kindersley:** Holts Gems (ecd); Natural History Museum, Londres (cdb). **Dreamstime.com:** Rene Alberto Mayorga Villarreal (si); Monika Wisniewska (bd). **10-11 Dorling Kindersley:** Natural History Museum, Londres (b). **11 Alamy Stock Photo:** blickwinkel / Koenig (bd). **12 Alamy Stock Photo:** JONATHAN PLANT (cdb/ácaro de terciopelo, cdb/ácaro); Helen White (cdb). **Dorling Kindersley:** Stephen Oliver (cib). **Dreamstime.com:** Dohnal (bd). **13 Alamy Stock Photo:** Daniel Borzynski (c). **Dorling Kindersley:** Natural History Museum, Londres (bd); Stephen Oliver (cda). **Dreamstime.com:** Arturs Biceks (si); Ginasanders (sd). **Science Photo Library:** CAROLINA BIOLOGICAL SUPPLY CO, VISUALS UNLIMITED (bi); STEVE GSCHMEISSNER (bi/azotobacter); MAREK MIS (ebi). **15 Alamy Stock Photo:** PetStockBoys / The Art Of Animals.co.uk (sd). **16 Alamy Stock Photo:** Premaphotos (cia); Valentyn Volkov (bd). **Dreamstime.com:** Sarah2 (cia/escarabajo). **17 123RF.com:** artono9 (cdb/cruasán). **Dreamstime.com:** Illia Bondar (cd); Anna Kucherova (cdb). **18 Alamy Stock Photo:** Andrew Darrington (cib); Enrique García Navarro (si); Nature Photographers Ltd / Paul R. Sterry (bc); mynewturtle (cd/lombrices). **Dreamstime.com:** Andrei Shupilo (cdb, cd). **19 Alamy Stock Photo:** Nature Photographers Ltd / Paul R. Sterry (ci). **Dreamstime.com:** Vasyl Helevachuk (cda); Somyot Pattana (bd); Valentina Razumova (cdb). **20 Alamy Stock Photo:** Danita Delimont (bd, cd). **21 Alamy Stock Photo:** Nature Photographers Ltd / Paul R. Sterry (cd). **Dreamstime.com:** Somyot Pattana (bc). **22 123RF.com:** wrangel (cib). **Alamy Stock Photo:** blickwinkel / Hartl (ca). **23 Alamy Stock Photo:** Goran Šafarek (cb). **24 Dreamstime.com:** Iulian Gherghel (cb). **Getty Images:** 500Px Plus / Stefan Holm (bd, cdb). **25 Alamy Stock Photo:** Mike Lane (cb). **Dreamstime.com:** Peter Schwarz (si); Jaqui Taylor (cib). **28 123RF.com:** Tim Hester (bi). **Alamy Stock Photo:** Denis Crawford (bc); Custom Life Science Images (cib, cb). **29 123RF.com:** Kevin Wells (cib). **FLPA:** Minden Pictures / Martin Willis (ca). **30 Alamy Stock Photo:** fishHook Photography (cb). **Dreamstime.com:** Jolanta Dabrowska (cda). **31 Alamy Stock Photo:** blickwinkel / LWG / McPHOTO (cia). **Science Photo Library:** JEFF LEPORE (bi). **32 Alamy Stock Photo:** Nigel Cattlin (cia, sd). **33 Alamy Stock Photo:** dpa picture alliance (ca); Maximilian Weinzierl (cib). **34 Alamy Stock Photo:** blickwinkel / fotototo (si); Jim Corwin (bc). **35 Alamy Stock Photo:** Les Stocker (cb); Robert Shantz (sc). **Dreamstime.com:** Melinda Fawver (cdb). **36 Alamy Stock Photo:** All Canada Photos / Wayne Lynch (cdb). **Dreamstime.com:** Coramueller (cib); Jim Cumming (cda). **37 Dreamstime.com:** Charles Brutlag (cdb); Isselee (cia); Geoffrey Kuchera (c); Rico Leffanta (bi). **iStockphoto.com:** BrianLasenby (bd). **38 © Copyright Steve Reader, Geografpix Photography. Plus:** (bi). **Dreamstime.com:** Belinda Wu (cdb). **Getty Images:** age fotostock / Antonio López Román (ca). **39 Alamy Stock Photo:** blickwinkel / Hecker (bd); fishHook Photography (cib). **41 Alamy Stock Photo:** Nigel Cattlin (sc). **Dreamstime.com:** Bornin54 (cib). **42 Science Photo Library:** DENNIS KUNKEL MICROSCOPY (si, cib); UK CROWN COPYRIGHT COURTESY OF FERA (cia). **46 Dreamstime.com:** Nastya81 (cdb). **47 Dorling Kindersley:** Holts Gems (cia); Natural History Museum, Londres (cia/Crystal, cib); The Science Museum, Londres (c). **48 Alamy Stock Photo:** imageBROKER / Reinhard Hölzl (ca); Panther Media GmbH / Willy64331 (cb). **Dreamstime.com:** Miroslav Hlavko (cia); Simona Pavan (cd). **48-49 Dreamstime.com:** Yurasova (ca). **49 Alamy Stock Photo:** age fotostock / Werner Bollmann (cia); Jolanta Dąbrowska (ca). **50 Alamy Stock Photo:** Francisco de Casa (bd). **52 Alamy Stock Photo:** Kaliantye (bi); Science History Images / Photo Researchers (cda). **54 NASA:** JPL-Caltech / MSSS (ci). **54-55 ESA:** (cb). **55 Dreamstime.com:** Planetfelicity (cda). **58 Dreamstime.com:** Fabrizio Troiani (cb). **59 Dorling Kindersley:** Thomas Marent (bd). **Dreamstime.com:** Samuel Areny (cda)

Resto de las imágenes: © Dorling Kindersley
Para información adicional, ver: www.dkimages.com